さわって わらって いっしょに あそぼ！

園で人気の ふれあいあそび

ちいさいなかま 保育を広げるシリーズ

『ちいさいなかま』編集部 編
柏木牧子 絵

ちいさいなかま社

ゼロ・1歳児

おでこさんをまいて ——06
大阪・すみれ保育園

あっぺろろーん ——08
神奈川・あおぞら第2保育園

いもむしごろごろ ——10
山形・たつのこ保育園

よいやさのよいやさ ——12
大阪・ポッポ第2保育園

ももやももや ——14
香川・こぶし花園保育園

いないよーバァ ——16
島根・あおぞら保育園

だるまさんの…… ——18
香川・こぶし中央保育園

ぼうしをとってちょうだいな ——20
香川・こぶし今里保育園

ピカゴロゴロゴロドーン!! ——22
山形・とちの実保育園

どのたけのこが せいたかか ——24
京都・洛陽保育園

ろうそく ぽん ——26
神奈川・あおぞら第2保育園

清水のかんのんさま ——28
京都・洛陽保育園

もくじ

2・3歳児

おすわりやす いすどっせ —— 30
京都・一乗寺保育園

ぞうきん —— 32
京都・一乗寺保育園

かごかご —— 34
大阪・すみれ保育園

ずくぼんじょ —— 36
大阪・すみれ保育園

おとうさんの背中はおっきいな！ —— 38
埼玉・公立保育園子育て支援センター

バスごっこ —— 40
埼玉・公立保育園子育て支援センター

3びきのこぶた —— 42
山形・とちの実保育園

ひげじいさん「どこにしようかなぁ～」 —— 44
埼玉・公立保育園子育て支援センター

もじゃもじゃトロル —— 46
山形・とちの実保育園

おばけがでた —— 48
東京・陽光保育園

サコツこりこり —— 50
東京・陽光保育園

ペンギンマークの百貨店 —— 52
神奈川・あおぞら第2保育園

みそラーメン —— 54
大阪・ポッポ第2保育園

がんばりマン —— 56
神奈川・あおぞら第2保育園

4・5歳児

おじいさん おばあさん ── 60
岩手・北松園風の子保育園

ゆっさゆっさ ── 62
岩手・北松園風の子保育園

びっきどの びっきどの ── 64
岩手・北松園風の子保育園

れんげ摘も ── 66
京都・洛陽保育園

きびすがんがん ── 68
京都・洛陽保育園

あんこがでるぞ ── 70
東京・陽光保育園

ぎゅうぎゅう大作戦 ── 72
大阪・ポッポ第2保育園

もしもしかめよ かめさんよ ── 74
島根・あおぞら保育園子育て支援センター

むすんでひらいて ── 76
島根・あおぞら保育園子育て支援センター

さくいん ── 79

ゼロ・1歳児

大阪 すみれ保育園

おでこさんをまいて

まだ保育者に顔をさわられるのはいやだった子も、信頼関係が深まってくると、
保育者の顔をじーっと見ながら、心地よさそうにしています。
お昼寝の布団に入ったときに一人ひとりにすると、
いっしょに歌いながら、自分の順番を心待ちにしています。
「次はだれにしようかな〜」と言うと、目で「やって」と合図する表情がとてもかわいらしいです。
布団に入るのをいやがっていた子たちも自然と布団に入るようになり、
安心して入眠できたようです。おうちでも、ぜひやってみてください。

♪ **おでこさんをまいて**

額にそっと触れて左右になでる。

めぐろさんをまいて

目のまわりを円を描くようにめぐる

はなのはし　わたって

鼻筋を上から下へなでる

こいしをひろって

鼻の穴を右・左・右・左と軽くふれる

おいけをまわって

口のまわりをめぐる

おでこさんをまいて
〜赤ちゃんの顔あそびだよ〜

おでこさんを まいて めぐろさんを まいて
はなの はし わたって こいしを ひろって
おいけを まわって すっかり きれいに なりました

大人が赤ちゃんを横抱きに抱っこして膝の上にのせ、赤ちゃんの目を見ながら、やさしくそっと語りかけるように顔あそびを楽しみます*

すっかりきれいになりまし　　　　た

顔のまわりを めぐる

頭を軽く 押さえる

あっぺろろ～ん

職員のちいさいころ、岩手県下閉伊郡山田町の祖母がしてくれたあそびです。
ゼロ歳児のみんなの前でして見せたり、一対一でやると、すぐにおぼえて楽しみだしました。
「まぁめっこ」は「ちいさい」という意味のようです。
ここが人気で、「おてうち…」と歌いだすと
すぐに人さし指で、手のひらをちょんちょんする子が多かったです。
園の盆おどりのときにしたら、大きいクラスの子どもたちもおぼえて
赤ちゃんを見ると歌ってくれ、異年齢児の交流にもつながりました。

♪　おてうち　おてうち　おてうちよ

（パン パン パン パン パン パン パン）

手拍子を7回する

まーめこ　まーめこ　まーめこよ

（テン テン テン テン テン テン テン）

左手を右手の人さし指で7回つつく

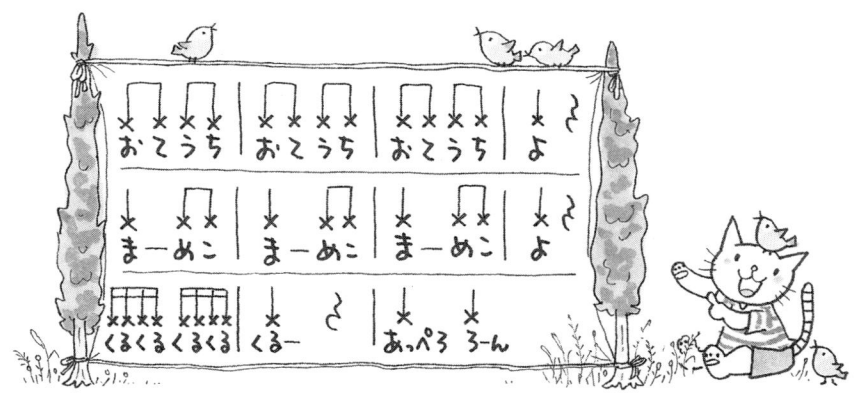

くるくるくるくる〜

あっぺろ　　ろ〜ん

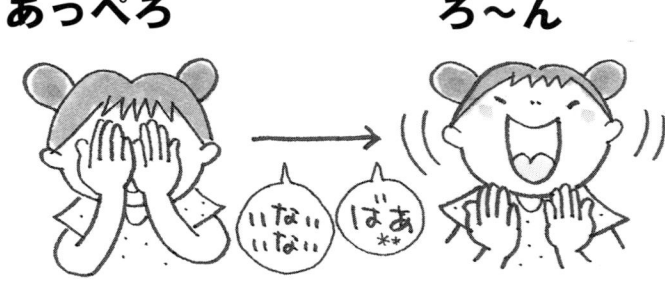

いもむしごろごろ

山形 たつのこ保育園

「いもむしごろごろ」(『リズム表現曲集Ⅰ』丸山亜季・監修、音楽教育の会常任委員会・編)の曲が鳴ると、しゃがんで保育者や友だちにくっつき、いもむしになって歩く子どもたち。
まだつながっていない子を振りかえり振りかえり「ここ、入っていいよ」と言っているようです。
みんなが大好きな「いもむしごろごろ」を、ゼロ歳の赤ちゃんたちとも楽しみたいと思い、ひざの上にのせて1対1でやってみました。
「ぽっくりこ」で、高い高いのようにすると、キャッキャッと声をあげて喜んでいます。

いもむしごろごろ

ひょうたん

ぽっくりこ

目を合わせながらひざに乗せて左右にゆれる

わきの下を支えてひざをはずませぴょんと抱きあげる

はずませた後、目を合わせ、ちょっと間をとり、"おもしろいね、またいくよ"と目線で送り合う

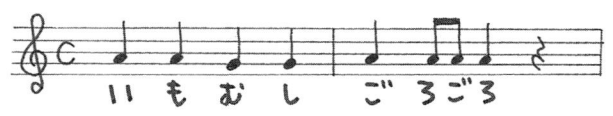

* ０才児 … 大人のひざの上に２．３人のせたり…
* １才児 … しゃがんで大人にくっついて歩いたり…

大阪 ポッポ第2保育園

よいやさのよいやさ

おじゃみ(お手玉)を頭にのせて、手拍子をしながら歌うと、
おしりをぴょこぴょこ動かして、ニコニコの子どもたち。
動いたときにおじゃみが落ちて「キャハハ……」と笑い声が出たりします。
そのあと、自分で頭にのせようとしたり、
うまくのらなくて落ちてしまい、また「キャハハ」。
保育者の頭にのせるほか、子ども同士で頭にのせて、
歌ったりもしています。

♪ ○○ちゃんのあたまに　ちょんちょろりんがのってる

　　よいやさのよいやさ

　　　　よいやさのよいやさ

保育者が頭にのせて手拍子しながら歌います

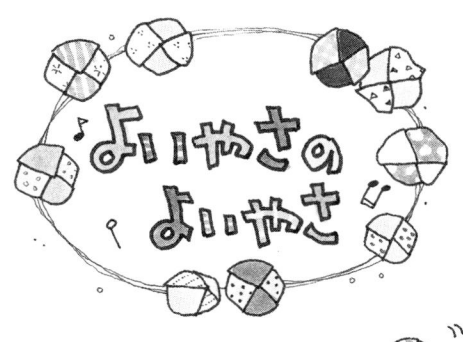

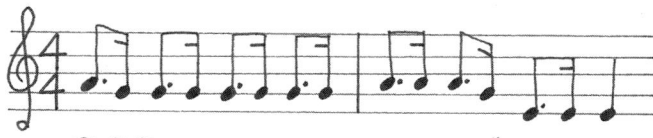

よいやさのよいやさ

1 ○○ちゃんの あたまに ちょんちょろりんが のってる
2 せんせいの
よいやさの よいやさ よいやさの よいやさ

子どもの頭にのせたり…

おじゃみーは あそびかた

子ども2人の頭にのせたり

自分ではうまくのらなくて
「キャハハ!!」

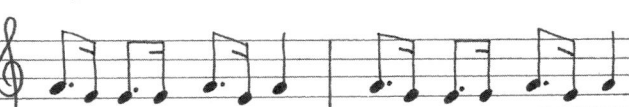

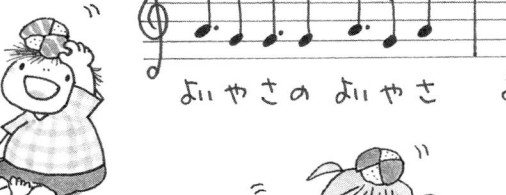

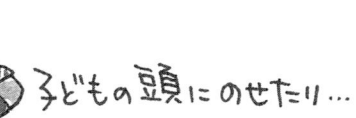

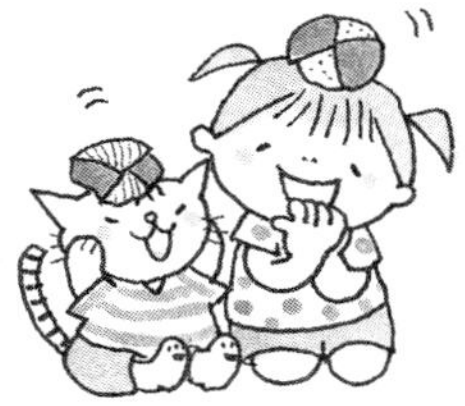

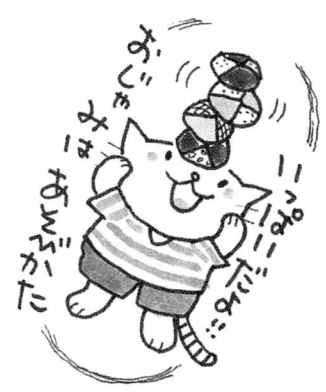

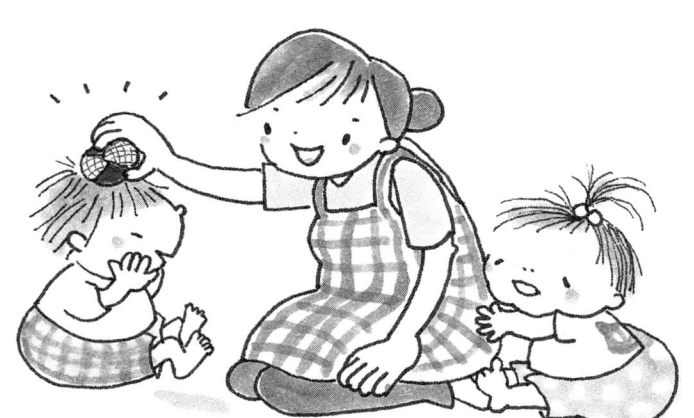

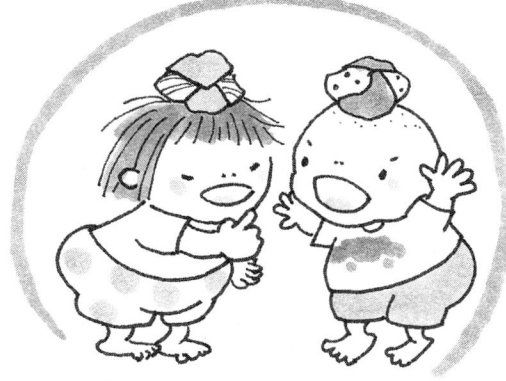

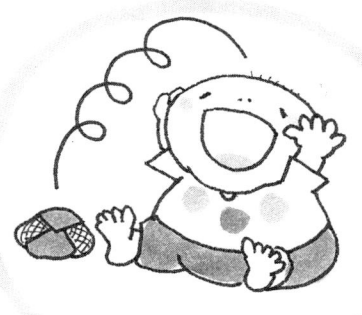

ももやももや

香川 こぶし花園保育園

「ももやももや」と歌いながら、子どもを横抱きにしてゆさぶります。
いつもおとなにしてもらっている子どもたちは、1歳児クラスになると
抱き人形のくまちゃんを抱っこして、歌ってゆらしてあげています。
また、抱っこして揺らすかわりに、オーガンジーの布を
洗濯物にみたてて、ゆらゆらさせてあそんでいます。
1歳になったばかりの子どもたちが、自分よりちいさい4か月のお友だちに
してあげている姿は、とてもかわいいです。

♪ ももやももや　ながれははやい　せんたくすれば
　　　　　　　　　　　　　　　　　　きものがぬれる

左右にゆらす

あ～
どっこいしょ
どっこいしょ

2回上下にゆらす

いないよーバァ

島根 あおぞら保育園

「♪いないよーバァ」(『さくら・さくらんぼのリズムとうた』斎藤公子・著／群羊社)と口ずさむと、背中にピタッとくっついてくる子どもたち。立ったばかりの子には、手と手をつないでおとながそっと背中をゆらします。しっかり立てる子には、つないだ両手を左右にゆすったり、おんぶのようにくっついたりしながらうたいます。「バァ」のときは、左右のどちらからふりむいた顔がのぞくのか「あれ？ あれ？」という顔。目と目が合うと、にっこりです。「♪ぼうやが」のところには、その子の名前を入れて歌っています。まわりの子もわくわくして、「次にしてもらいたいなあ」と寄ってきます。

♪
いないよバァ　いないよバァ
　　ぼうやがひとりでかくれんぼ
　　かぁちゃんにかくれちゃ
　　いないよ　バァ

♪バァ
以外のとき

だるまさんの……

香川 こぶし中央保育園

絵本『だるまさんの』（かがくいひろし・さく／ブロンズ新社）を読み聞かせしながらあそびます。
体を左右に揺らすときは、みんなでわくわく気持ちが高まるのを共感してから
タイミングよくページをめくり、体のいろいろな部分を、手や指で表現します。
「て」のところで、保育者やお友だちとパチンと手を合わせたり、
「しっぽ」のところで「あったっけ」と言いながら、
首をかしげるのが大好きです。慣れてきたら、
絵本なしでも楽しめます。

『だ・る・ま・さ・ん・の～』に合わせて ゆれるよ～！！

ぼうしをとってちょうだいな

香川 こぶし今里保育園

絵本が大好きなゼロ・1歳の子どもたち。お気に入りのページになると、うれしそうにまねっこ。
特に好きなのが『ぼうしをとってちょうだいな』(松谷みよ子・文、上野紀子・絵／偕成社)。
「いやー」のところが大好きで、頭を左右に振ってニコニコしています。
ある日、1人の子どもがままごとコーナーの白いプラスチックのボウルをかぶり、
「いやー」のしぐさ。それが次々に広がってできたあそびです。
うたい出すと、人形とボウルを持って駆けよる姿がとてもかわいいです。
絵本の読み聞かせをたっぷり楽しんでからあそんでみてください。

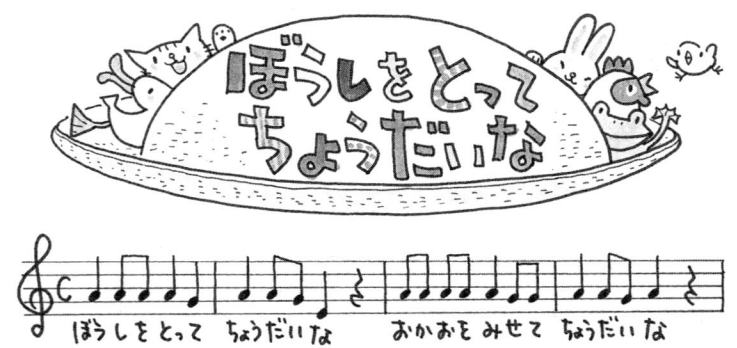

♪ **A**
ぼうしをとってちょうだいな
おかおをみせてちょうだいな

首を左右に振る

「いや〜」

① あたまが さむくなるから いやー → おひさま おひさま かお だしておくれ… →Ⓐへもどる

② かぜが ふいに いるから いやー
かぜさん かぜさん やんどくれ… →Ⓐへもどる

③ おかおが へるから いやー
ぼうしが へるから いやー
いやだから いやー

それでは しかたが ありません
はい さようなら…

あら あちる ぼうしが あらあら

「おちたァ!」

…そら にげろ そら にげろ…

落ちたぬいぐるみを持って追いかける

山形 とちの実保育園

ピカゴロゴロゴロドーン！！

保育者が、頭にのせたお手玉を、頃合いをみはからって落とすだけの簡単なあそびです。
お手玉をのせて目を閉じ、子どもたちが興味をもって見てくれるのを感じたら
「ピカ」と言って目をあけ、手を広げます。
子どもたちは「いつ目があくかな？」「いつ頭から落ちるかな？」と
息をのんで見入っています。
目があくと「ワァーッ」、お手玉が落ちてまた「ワァーッ」と大喜び。
「もう1回」と繰りかえしたり、自分の頭にもお手玉をのせてあそぶ姿も見られます。

頭にお手玉をのせて目を閉じる

目を開け、手を広げる

ひとりひとりと目を合わせながら身体の前で手を回す

頭にのせたお手玉を落とす

どのたけのこが せいたかか

保育士がするときは、
「あ、このたけのこだ」とうしろから指が出てくるのを待ち、
出てくると、とってもうれしそうに笑います。
子どもたちがするときは「あ」で、うしろに手をかくすときがとってもうれしそう。
「このたけのこだ」と、指を出すときは得意げです。
子どもたちと顔を合わせてうれしい時間を共有することを大切にしています。
年長児も楽しんでしています。

どのたけのこが　せいたかか
　　　　　でぶちゃんかな
　　　　　ちびちゃんかな

あ

このたけのこだ

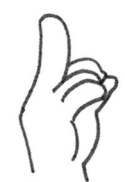

中指を両方向い合わせに立てる

親指を立てる

小指を立てる

子どもたちは後ろから指が出てくるところが大好き！

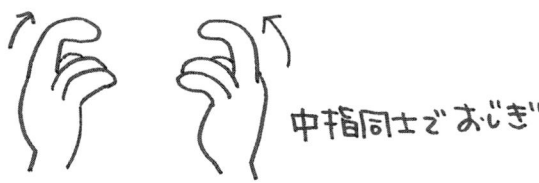

せいたかのっぽさん　こんにちは
中指同士でおじぎ

ずんぐりでぶちゃん　こんにちは
親指同士でおじぎ

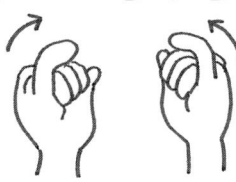

かわいいちびちゃん　こんにちは
小指同士でおじぎ

ろうそく ぽん

あおぞら第2保育園

1歳児クラスで、紙芝居や絵本を読む前に楽しんでいる手あそびうたです。
子どもたちは特に「ろうそくふ〜」と、ろうそくを消すしぐさがお気に入りで
保育士のまねをして、いっしょにやっています。
「ろうそくぽん」は元気な声で、「ろうそくふ〜」は静かな声で、など
声の強弱をつけるとおもしろいですよ。
状況に合わせて「まだまだしずかになりません」バージョンも
やってみてください。

♪ ろうそくぽん　もひとつぽん　これからはじまる おはなしかい

① 右手の人さし指を立てる

② 左手の人さし指を立てる

③ 左右に振る

ろうそくふ〜　もひとつふ〜　そらにはキラキラ おほしさま

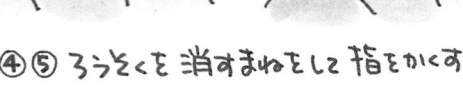
④⑤ ろうそくを消すまねをして指をかくす

⑥ 手をキラキラさせる

まだまだしずかに なりません

①～⑤を くり返す

やーっとしずかに なりました

手をひらひらさせたあと
ひざの上に置く

清水のかんのんさま

京都 洛陽保育園

保育者と一対一になり、ゆったりあそべるのがうれしいようで
やり始めると、「もういっかい」と何回もリクエストする1歳児です。
手をさすってあげると、ニッコリ笑ってくれます。
笑顔で語りかけるようにゆっくりめにうたい、
ゆったりした気分でふれあえる時間を大切にしています。
腕を軽く上へつまんでいって、もどってきてもよいし、子どもの年齢に合わせて
自由に楽しんでください。

だんだん上につまんでいく

さいごは「あいたた」と言いながら手の甲をさする

みんなの手を順番に…

きよみずのかんのんさまにすずめがさんびきとまった
とのすずめがはちにさされて あいたた ぶんぶん
あいたた ぶんぶん まずまずいっかんかしもうした

「いっかんかしもうした」は「一貫貸し申した」です.

京都 一乗寺保育園

おすわりやす いすどっせ

保育者とお友だちが一対一でこのあそびを始めると
「じぶんも〜」とやってきて、足の上は2人、3人と増えていきます。
ほかのお友だちといっしょに並んでのることを楽しみにしています。
おとなとのふれあいだけでなく
お友だちとも共有できる楽しみがあります。
2〜3歳の子は、子ども用のいすに座ってやり、
床に落とすと大喜びです。

♪ おすわりやーす　いすどっせ
　　あんまりのったら
　　こけまっせ

脚を上下に動かし子どもを軽く揺さぶる

脚を広げて
床に子どもをおとす

イスに座ってあそぶのも
高低差がうまれて
たのし〜い♪

2〜3才の子に
うけます！

ぞうきん

京都　一乗寺保育園

「ジャブジャブジャブジャブあらってー」と歌いながら
「こちょこちょ」とこそばす（くすぐる）場所をいろいろ変えるのですが
子どもにとってはそれがドキドキ感があるようです。
なんといっても最後の「しゅーっ」と床をすべらせてもらうことを
心待ちにしています。畳やカーペットの上ではすべらないので、
安全を確認してから、フローリングや木の床で
してください。

♪ はりにいとをとおして

右手の人さし指を左手の指の輪に入れる

チクチクチクチク
ぬいまして

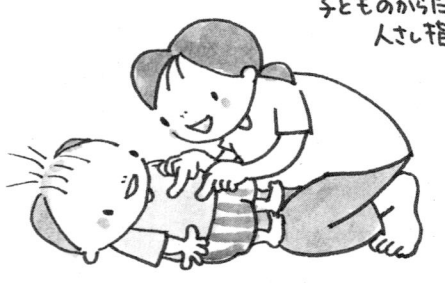

子どものからだのあちこちを人さし指でつつく

ぞうきんのできあがり

布を広げるようにやさしく上から下になでる

ジャブジャブ

ジャブジャブ

あらって

しぼってしぼって

ふきそうじ　しゅーっ！

大阪 すみれ保育園

かごかご

2歳児では、最初は保育者と一対一で、お友だちと関わることが楽しくなった時期からは、5人くらいで手をつなぎ円になって、顔を見あい、笑いあって楽しさを共感しています。
おとなが横抱きにして、目と目をあわせながらのゆさぶりあそびは、子どもがほほえむ姿が愛おしく感じる瞬間を味わえると思います。これを十分楽しんでから大布あそびをするといいですね。
初めて布にのせるときは、こわがったり不安な表情の子もいるので、
しっかりと目を見て、ほほえみかけて安心させてあげてください。
「深い川へどぶーん」「浅い川へじゃぽじゃぽ」のところは、「どちらがいい？」と聞くと、
「どぶーんがいい」などとリクエストしてくれます。

♪ かごかごじゅうろくもん

　　えどからきょうまでさんもんめ

　　ふかいかわへはめよか

　　あさいかわへはめよか

　　やっぱり

向き合って
つないだ両手を
左右に揺らす

ふかいかわへ

どぶーん

手をつないだまま
しゃがむ

あさいかわへ

じゃぽじゃぽ

両手を寄せて
小さく上下に揺らす

かごかご じゅうろくもん
えどから きょうまで さんもんめ ふかいかわへ はめよか
あさいかわへ はめよか やっぱり ふかいかわへ どぶーん
（あさいかわへ じゃぽじゃぽ）

〈揺さぶりあそび〉

どぶーん
↓
しゃがむ

じゃぽじゃぽ
小きざみに揺らす

〈大布あそび〉

大布に子どもをのせ
大人2人が持って左右に
揺らす

どぶーん
布を下におろす
↓

じゃぽじゃぽ
小きざみに揺らす

大阪 すみれ保育園

ずくぼんじょ

「ずくぼんじょ」は、つくしのこと。
春の訪れを、みんなで喜びあうような表現あそびです。
つくしが空に伸びていくように、ひざの上の赤ちゃんと、親子で、クラスみんなで、
いろいろなバージョンで楽しめます。親子でするときは、向きあって手をつないでも。
最後に「高い高い」をすると大よろこびです。
うたを歌いながら、つくしを見せてあげたり、
いっしょに探しに行けるといいですね。

🎵 赤ちゃんと…

ずーくぼんじょ　ずくぼんじょ
ずっきんかぶって
でてこらさい

赤ちゃんの手を歌いながらあげていく

赤ちゃんの手をいちばん高くあげる

🎵 ひとりで立てる子と親子で向きあって…

ずーくぼんじょ
ずくぼんじょ
ずっきんかぶって

大きく伸びてパッと手を広げる

左右にからだをふりながら上にのべていく

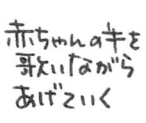

でてこらさい

ずくぼんじょ

ずーく ぼん じょ ずく ぼん じょ
ずっ きん かぶって でて こら さい

クラスで円になって…

♪ずーくぼんじょ ずくぼんじょ
ずっきんかぶって でてこらさい

歌のあいだ
子どもたちは
しゃがんで。

↓

みほちゃんが にょっきん！

歌い終わったら ひとりずつ 順番に
全員の名前を呼ぶ

埼玉 公立保育園子育て支援センター

おとうさんの背中はおっきいな！

歩くのがじょうずになった子どもたちは、
ダイナミックにあそんでもらうのが大好きです。
「おとうさんとあそぼう会」では、いろいろなあそびを紹介しています。
いすやソファーに腰かければ、すべり台のできあがり！
馬になってもらい、背中にのったはいいけれど、
首にしがみついている子もいます。おんぶや肩車をしてもらって、
たくましさを感じていることでしょう。

ひこうきブンブン

♪ひこうきブンブン
ひこうきブンブン
ひこうきブンブン
飛んでます

※楽譜は77ページに
あります。

歌いながら上下にゆする

子どものわきの下を支える

「1、2のソレ〜！」

キャキャ

手の向きを変えて腰を持つ

足も使って一回転させる

おうま

作詞：林　柳波
作曲：松島つね

おうまの おやこは なかよし こよし
おうまの かあさん やさしい かあさん
いつでも いっしょに ポックリ ポックリ あるく
こうまを みながら ポックリ ポックリ あるく

すべり台

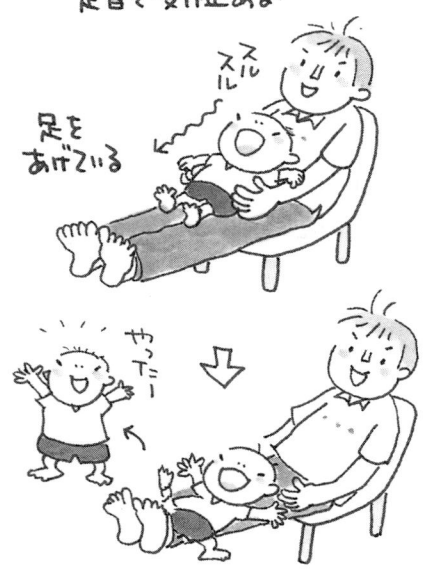

いすやソファに腰かけて足をのばす
足首で受け止める

おうま

♪「おうま」を歌いながら
足のトンネルをくぐったり馬の背中に乗ったり

木のぼり

手をつないで おとうさんに よじのぼって → ひざのところでどんぐり返り → どんどん登って 肩車 → 「さんぽ」の歌で 歩いてみよう

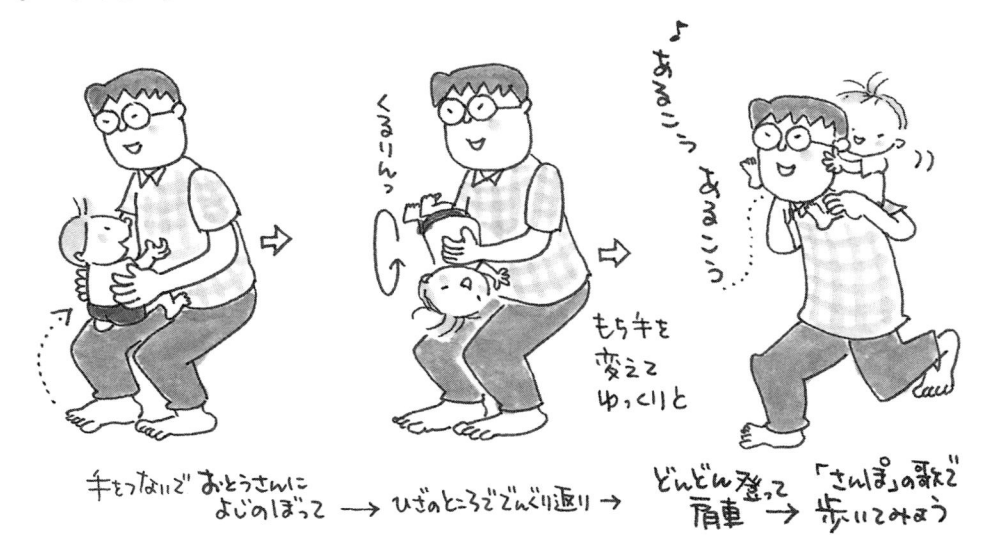

バスごっこ

埼玉 公立保育園子育て支援センター

おとながひざを伸ばして子どもをのせて
ちいさくゆすってドドドーン、ドンと足を開いて床に落としてあそんでいると
次々に友だちがのってきて、バスごっこが始まります。
「バスごっこ」の3番の歌詞に合わせて、子どもたちは
「ごっつんこドン！ごっつんこドン！」でからだを支えて高く持ちあげてもらうのが大好き。
うたが始まると、ちょこんとひざの上にのってくる子どもたちが
とてもかわいいです。

バスごっこの はじまり はじまりー

子どもを ひざにのせる

♪ おおがたバスに

　　のってます

　　だんだんみちが

　　わるいので

ひざをゆらし…

からだを支えて高く持ちあげる

　　ごっつんこ　ドン
　　ごっつんこ　ドン
　　ごっつんこ　ドン
　　ごっつんこ　ドン

バスごっこ

作詞：香山美子
作曲：湯山 昭

おおがたバスに のってます　だんだんみちが わるいので
ごっ つんこ (ドン) ごっ つんこ (ドン) ごっ つんこ (ドン) ごっ つんこ (ドン)
おしくら まんじゅう　ギュッ ギュッ ギュッ

1・2歳児は足に4〜5人のせてギューギューしながらあそんでも楽しいよーっ!!

おしくらまんじゅう
ギュッギュッギュッ

しっかり抱っこ

歌い終わったら おとなのひざに 子どもの背中を のせる

おとなが ひざを曲げ、子どもには「手を伸ばして 床につけてね」と声をかけ

子どもの腰を しっかり持って「くるりんこ」する

やったーっ

3びきのこぶた

山形 とちの実保育園

「3びきのこぶた」のお話の手あそびです。
おおかみが「フゥー」とするとき、子どもたちの顔に向かって、
保育者が思いっきり息を吹きかけると「もう1回して〜」「○○ちゃんも!!」と大喜び。
家が壊れてしまうときも壊れないときも、「○○のおうちは」のあとのところで
ためてから、「ペッチャンコ」「こわれない」と歌います。すると、
子どもたちもいっしょに止まり、「どうなるんだろう？〜」という顔を
してくれるのでおもしろいです。

はじまりはじまり♪

さんびきの　こぶたの

いっぴきが 　　いっぴきが 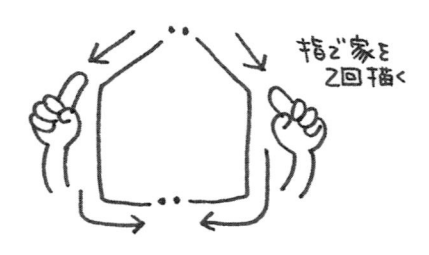　　わらのおうちを
　　　　　　　　　　　　　　たてました

指で家を2回描く

ドンドンドン
ドンドンドン

3回　ドアをたたく　3回

3びきの子ぶた

さんびきの こぶたの いっぴきが いっぴきが 1 わら / 2 きー / 3 レンガ のおうちを

たてました ドンドンドン ドンドンドン おおかみがきて

フゥーとふいたら 1 わら / 2 きー / 3 レンガ のおうちは 1,2 ペッチャンコ / 3 こわれない

おおかみがきて
山をたてて横に

フゥーとふいたら

わらのおうちは

ペッチャン
1,2番 手を上下にして

コ

こわれない
3番

ひげじいさん「どこにしようかなぁ〜」

みんなが大好きな「トントントントンひげじいさん」。
支援センターに親子が集まると、毎回楽しむ手あそびです。
親子で向きあって、ひざに抱っこされて、みんなで丸くなります。
まねっこができるようになった1歳児さんのしぐさがかわいくて、
ママたちは笑顔いっぱい！最後の「手はどこにしようかなぁ〜」では、
期待いっぱいの子どもたちの目も「キラキラ」です。

埼玉 公立保育園子育て支援センター

♪ トントントントン　　　ひげじいさん

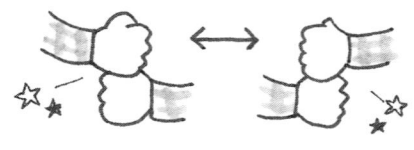

両手をげんこつにして上下交互に4回打ち合わせる。トントントントンのところは全て同じ。

あごの下にげんこつを重ねる

トントントントン　　こぶじいさん

ほっぺにげんこつをくっつける

トントントントン　　てんぐさん

鼻の上にげんこつを重ねる

トントントントン　　めがねさん

手を目にあててめがねをつくる

トントントントン　　てはうえに

手をまっすぐ上にあげる

ひげじいさん

作詞：不詳
作曲：玉山英光

トントントン ひげじいさん トントントン こぶじいさん
トントントン てんぐさん トントントン めがねさん
トントントン てうえに キラキラキラキラ

自由にことばを入れよう！

手は　　どこにしようかな〜
おかお　いないいないバア〜
おなか　グルグルグル〜
おむね　こちょこちょこちょ
あたま　いい子いい子だね

キラキラキラキラ
上から下へ両手をキラキラさせながらおろす

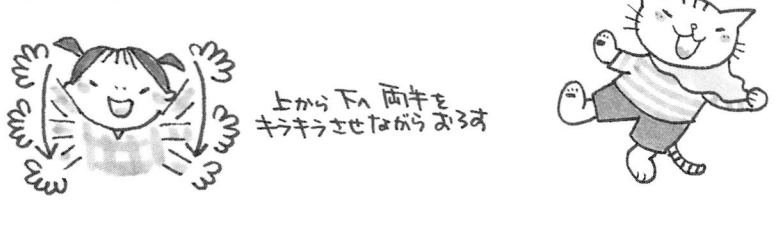

おかお いないいないバア〜
おなか グルグルグル〜
手は どこにしようかな〜!!
おむね こちょこちょこちょ
あたま いい子いい子だね〜

山形 とちの実保育園

もじゃもじゃトロル

リズムの中でも特に子どもたちが好きなのが
「むっくりくまさん」(志摩桂作詞、スウェーデン民謡)。
くまさん役のおとなに食べられないように「いつ逃げよう!?」と
ハラハラドキドキしています。
これに、春からあそんできた絵本『三びきのやぎのがらがらどん』のトロルのイメージを
加えたのがこのあそびです。トロルに追いつかれても、穴ぐらに逃げ切っても
「コチョコチョ～」と食べられるのがうれしいようです。

① ③ 子どもも大人(トロル役)も座って手拍子

大人はトロル役

♪ もじゃもじゃトロル　もじゃもじゃトロル

はしのした

ねむっているよ　ぐうぐう

ねごとをいって

② 寝たふりをして左右にゆれる

むにゃむにゃ

① もじゃもじゃトロル もじゃもじゃトロル はしのした
　（むっくりくまさん むっくりくまさん あなのなか）

② ねむっているよ ぐう ぐう ねごとをいって むにゃ むにゃ

③ めをさましたら めをさましたら たべられちゃう よ

めをさましたら
めをさましたら
　たべられちゃうよ

③を歌ったら、子どもたちが逃げ、
大人（トロル）が追いかける。

大人が追いついたら、
コチョコチョコチョ〜〜〜!!!

おばけがでた

東京 陽光保育園

ゼロ歳から3歳児ぐらいまで、年齢によって楽しめるあそびです。乳児では、「おばけがでたー」のところで顔を見あわせたり、抱きしめたり、くすぐったりしています。特に、指のすきまから友だちが見えるのがうれしいようで、まわりをきょろきょろしながらほほえむ、かわいい姿が見られます。
2、3歳児では、おにごっこやおばけごっこへと発展させて楽しんでいます。
はじめに両手で目をかくし、ひとつの動作ごとにこの姿勢にもどってから次の動作をします。

♪ でたーでたー　おばけがでたー
　くーらいへやのなか　だれかがさけんでる
　でたーでたー　おばけがでたー

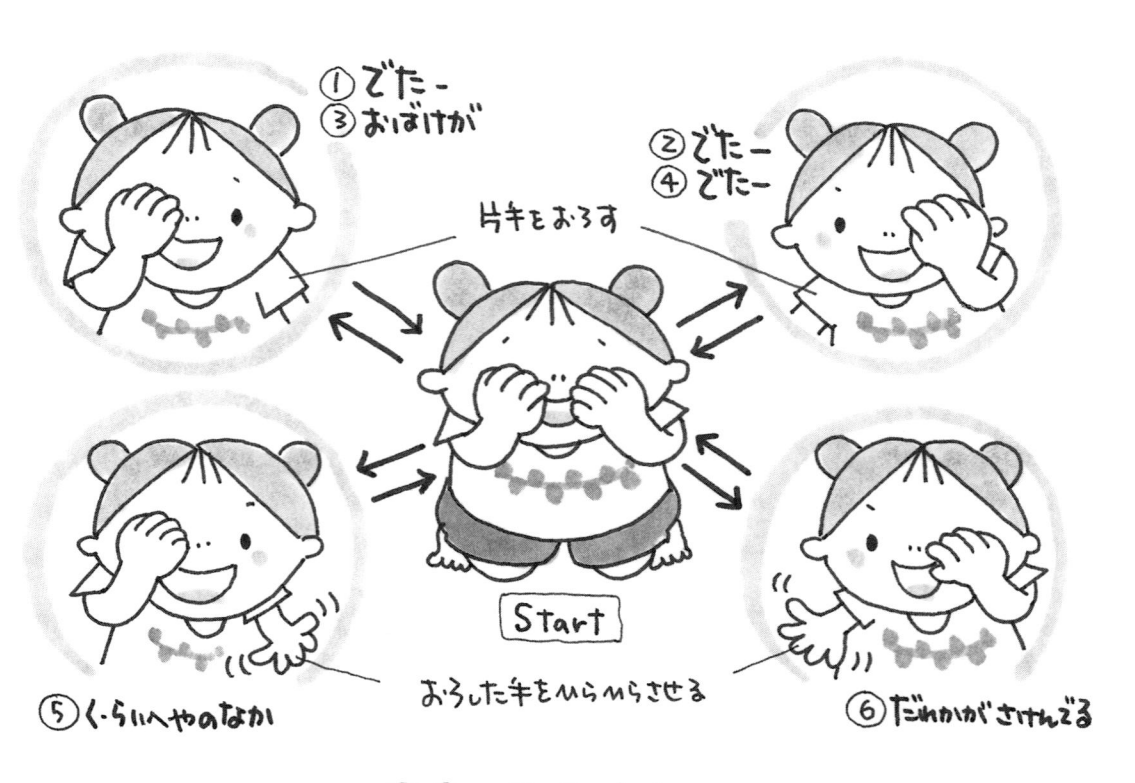

① でたー
③ おばけが

② でたー
④ でたー

片手をおろす

Start

おろした手をひらひらさせる

⑤ くーらいへやのなか

⑥ だれかがさけんでる

⑦、⑨　①〜③の動作くりかえし
⑩　両手をおろす

おばけ でたー!!

乳児は…
抱きしめたり くすぐったり 顔を見合わせたり…

①で たー ②で たー ③おばけが ④で たー
⑤くーらい へやのなか ⑥だれかが さけんでる
⑦で たー ⑧で たー ⑨おばけが ⑩で たー

…おばけがでたーのあとがたまる。

2、3歳は…
外で鬼ごっこに発展ー!!

サコツこりこり

東京 陽光保育園

子どもたちは、鎖骨がとてもくすぐったいようです。
くすぐられることを期待できるように、間をおくことをくふうしています。
このうたであそんだあと、映画「ジョーズ」のサメが近づいてくるときの音楽に
合わせてくすぐったり、2人以上の子を同時にくすぐったり、アレンジも楽しんでいます。
子どもの目を見つめて「まだかな?」「もうすぐかな?」と
期待の気持ちをふくらませ、ともに楽しむことを
大切にしています。

♪ **サコツをなーでて**　　**かたこりすっきり**

サコツから肩にかけてなぞる

反対側もなぞる

サコツってここ〜!!

きょうはゆっくり

やすませない　　**サ〜コ〜ツ〜**

上から下まで なぞる

子どもにふれずにかまえる

鎖骨 サコツこりこり

作詞：こうのおさむ
作曲：よしざわたかゆき

サコツを なでて　かたこり すっきり
きょうは ゆっくり　やすませ ない
サ コ ツ こりこり　サコツこりこり　サコツこりこり
サコツこりこり　サコツこりこり　サコツこりこり　こ りこりー

2人同時にくすぐったり…

「ジョーズ」の音楽に合わせてくすぐったり…

　　こりこり　サコツこりこり
　　　　サコツこりこり　サコツこりこり
　　　　サコツこりこり　サコツこりこり
　　　　　　こ〜りこりー

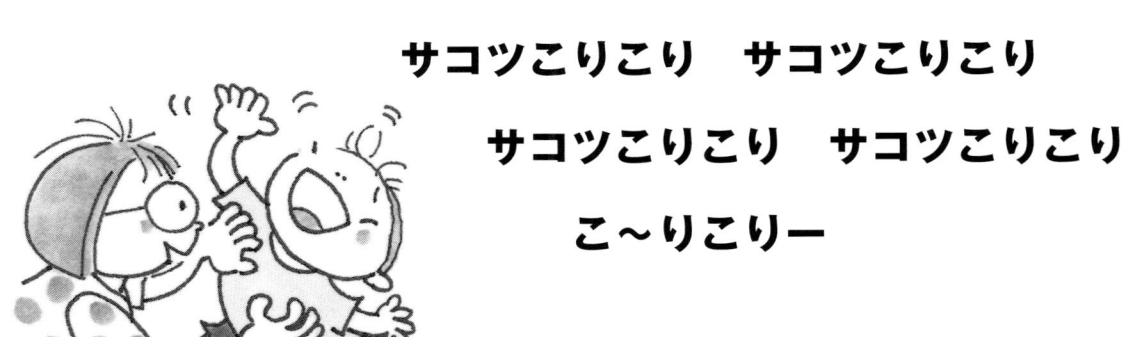

サコツをくすぐる

神奈川 あおぞら第2保育園

ペンギンマークの百貨店

とても人気のある手あそびです。子どもたちが自分のマークを使って
「いぬさんマークの◯◯屋さん」とアレンジしたり、
「きょうね、ケーキ屋さん！」という声も上がります。
子どもたちといっしょに、いろいろな歌詞を考えて作るのも、とても楽しいです！
楽譜のメロディーと歌詞は、あおぞら第2保育園でうたっているものです。
（原曲は作詞・作曲犬飼聖二）

♪ ペンギンマークの
　　ひゃっかてん

手を上下に動かす

いっかいはけしょうひん

1本指を立てる

それ！　　ドッキードッキー　　ワクワクー

それ!!

心臓マッサージのように両手を組んで前後に動かす

脇を開いたり閉めたりする

おけしょうしましょ 　　　　　パタパタ

スポンジにおしろいをつけるように軽くたたく

顔に手をあててお化粧している感じ

52

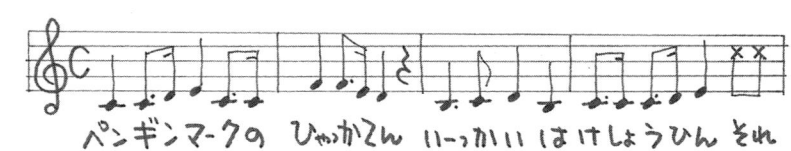

ペンギンマークの ひゃっかてん いっかいは けしょうひん それ 
ドッキドッキ ワクワク — おけしょうしましょ パタパタ

おいでーっ『ペンギンマークの百貨店♪』だなーっ

2. ペンギンマークの 百貨店
2階は スポーツショップ それ!
ドッキ ドッキ ワクワク
野球をしよう カッキーン!

3. ペンギンマークの 百貨店
3階は おもちゃやさん それ!
ドッキ ドッキ ワクワク
本を買おう これ!

♪2階は スポーツショップ

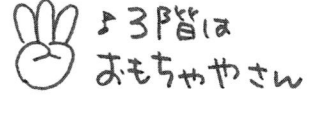

♪3階は おもちゃやさん

野球をしよう　　カッキーン!

本を買おう（本を開くポーズ）　　これ!（本を指さす）

つぎは マークの やさん!
そのつぎは マークの やさん
マークの やさん
マークの やさん
マークの やさん!!

大阪 ポッポ第2保育園

みそラーメン

子ども同士で、保育士と、お互いに向かいあい、
相手を意識しながら楽しんでいます。
「アルプス一万尺」のように手をたたきあい、
いっしょにやって楽しいね！が共感できるあそびだと思います。3歳児で、
あそびながらじゃんけんの勝ち負けのしくみを知ることもできました。
じゃんけんに勝った子は、負けた子をくすぐるのが
また楽しいです。

♪ せっせっせーの

みそラーメン

交差させて上下に振る

①両手をつないで上下に振る

はくさい　しいたけ　にんじん

ゆでたまご

ごまあぶら

は　　く
手をたたく　　右手を合わせる

さ

②
③
⑤

＝
手をたたく

左手を合わせる

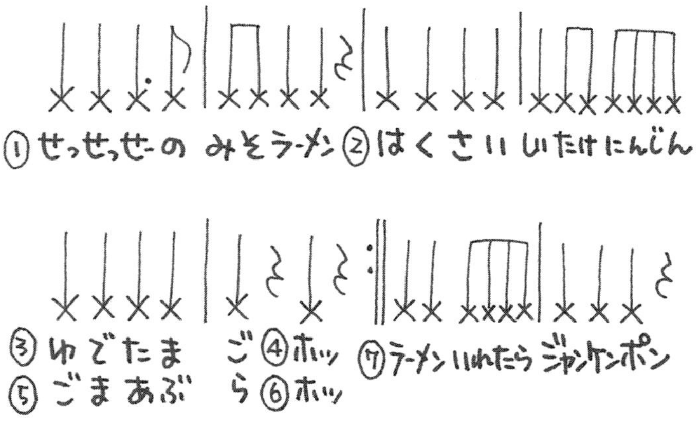

①せっせっせの みそラーメン ②はくさい しいたけ にんじん
③ゆでたま ご ④ホッ
⑤ごま あぶ ら ⑥ホッ
⑦ラーメンいれたら ジャンケンポン

ホッ

④⑥両手を ほっぺに

ラーメンいれたら

⑦ ぐるぐる回す

ジャンケンポン

やったー

勝った子が負けた子を
くすぐります。

きゃああ
こちょこちょこちょこちょこちょこちょこちょ〜

がんばりマン

神奈川 あおぞら第2保育園

「大きくなった!!」
自分を誇りに思い、元気いっぱいな2歳児にぴったりな手あそびです。
「ありさん」や「ぞうさん」バージョンにして、身ぶりをちいさくしたり、大きくしたりして楽しんでいます。「がんばりマン」のところを、
子どもの名前や「アンパンマン」などに変えたりしても、盛りあがります。
原曲は「ガンバリマンのうた」(作詞・ともろぎゆきお、作曲・峯陽)です。

がんばりマンスタート!!

がんばりマンは
ちからこぶをつくる

なかないさ
泣くふりをする

ちいさくたって
頭をおさえて小さくなる

ちからもち
手をグーにしてひじを上げ下げする

がんばりマンの

あいことば
ちからこぶをつくる

みーんななかまだ
手を上から下へさげる

エイエイオー
こぶしを上げる

※58ページへつづく

がんばりマン

1.2 がんばりマンは なかないさ ちいさくたって ちからもち
がんばりマンの あいことば みんななかまだ エイ！エイ！オー！
めだかも きつねも カニさんも よっといで
おひさまも おほしさまも みんななかまだ エイ！エイ！オー！

身振りを大きくしたり 小さくしたり

ぞうさんバージョン

ありさんバージョン

「がんばりマン」のところを子どもの名前にかえたり
〈みーきちゃんは 泣かないさーっ♪〉

みきちゃん

がんばりマン

♪ めだかも　　きつねも 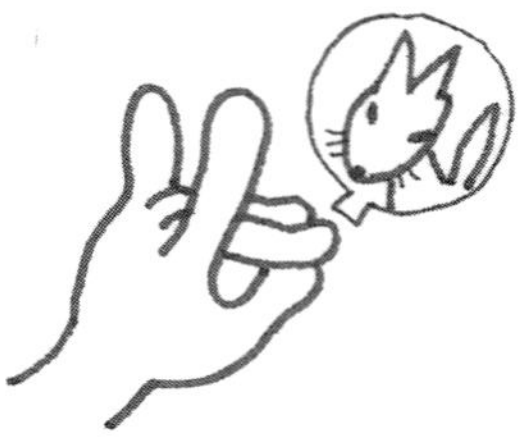　　カニさんも

よっといで

おひさまも　　おほしさまも

みーんななかまだ

エイエイオー

4・5歳児

おじいさん おばあさん

岩手　北松園風の子保育園

木の棒など、つえになるようなものがあればすぐに
「おーじいさん・おーばあさん」と始まります。
おじいさん・おばあさんになったつもりで
腰を曲げ、歩くまねっこを楽しんだり、
自分の順番が来たらなんて言おうかと、楽しみにしながら待っています。
みんなが木の棒をつえにして、腰を曲げて歩いているようすも、
おもしろいですよ。

♪おじーさん おばーさん♪

♪ おじいさん
　おばあさん

輪になって座り、
おじいさん（おばあさん）役の子が
つえをつきながら、輪の中を
歌いながら ゆっくり歩く。

なにくって
　まがった

つえを持った子が
目の前の子に棒を渡す。

○○くって
　まがった

おじいさん おばあさん

おじいさん　おばあさん
なにくって　まがった
（いも）くって　まがった

♪なにくって まがった？
♪いも くって まがった！

だんご
りんご
もち

棒を渡された子は立ち上がり、
思いついた食べものを言って交替に歩く。

全員に役が回るまで くりかえす。

お昔と歩先ごも 棒がみると…
はじまり はじまり 〜〜!!

岩手　北松園風の子保育園

ゆっさゆっさ

2人組でやるあそびですが、4歳児クラスでは3人組にアレンジして楽しんでいます。
「どこのももの木においしい実がなるのかな〜？」と声をかけると、
ももの木役の2人は、雨や風にも負けないくらいどっしりと足をふんばり、
ももの実役は、木の動きに合わせてゆれています。
順番に役割を入れ替わりながらあそべるのも、3人組ならでは。
子どもたちは、別の木（友だち）を見つける楽しさや、迎えいれてもらえる
安心感を感じながらあそんでいます。

♪
ゆっさゆっさもものき
ももがなったらもいでやれ
あかくなったらくってやれ

2人組の場合

左右に腕を振り

歌い終わったら
お互いに
自己紹介をする

〇〇です
好きな食べもの
は…

〇〇です
好きな食べもの
は…

ゆっさ ゆっさ ももの木
ももが なったら もいでやれ
あかく なったら くってやれ

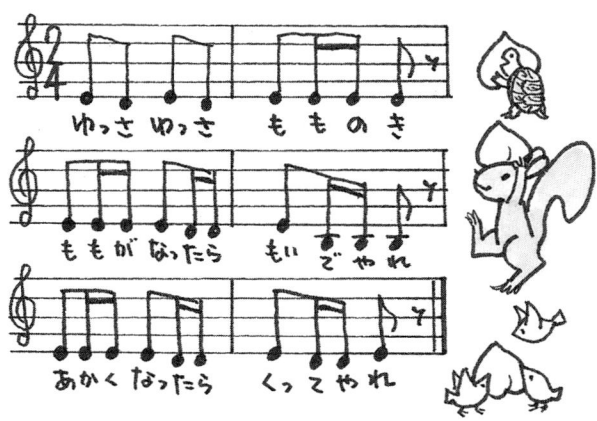

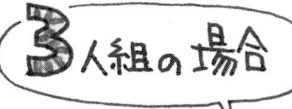

3人組の場合

ももの木の子はももの実の子を中に入れて
左右に腕を振る

木　実　木

歌い終わったら ももの木2人は
片側の手を離す

ももの実がぬけ、別の木に移動し
別のももの実の子がやってくる

新しいももの実の子が
木の1人と交替に
もう一度

全員が
ももの実になるまで
あそびます

びっきどの びっきどの

岩手　北松園風の子保育園

「びっき」は方言で「かえる」のこと。
「どっこいしょ」でつかまってしまうドキドキ感を、
1人ではなく2人で味わえるのがいいところです。
つかまってしまっても、トンネルが長くなっていくので楽しいです。
最後におふねでギッチラコをしたり、アレンジして楽しんでいます。
みんなでつながる楽しさ、なかよし探しができる楽しさが
いっぱいです。

♪
びっきどのびっきどの　いつしんだ？
　ゆんべさけのんで　けさしんだ
　おしょうさんがきたから　とをあけろ！
　がらどんがらどん

2人組を作り、一組が
トンネル役になる

手をつないで歌いながら
トンネルをくぐって歩く

びっきどの びっきどの

1. びっきどの びっきどの いっしんだ？
   ゆんべ さけのんで けさしんだ
   おしょうさんが きたから とをあけろ！
   がらどん がらどん どっこいしょ！

トンネル役の2人は手をおろす

どっこいしょ！

さいごまで残った2人組に拍手☆
おみこしワッショイも！

つかまった2人組もトンネルになる

そのまま電車ごっこも！！

どんどんトンネルがつながっていくよ

京都 洛陽保育園

れんげ摘も

とても単純なわらべうたの手あそびですが、
それだけに大切にしています。
ほんとうに京都のわらべうたなのか、自信がなかったのですが、
京都市の円山公園で、地元の小学生が
このうたを歌いながら練り歩いているのを見て
「やっぱり京都のわらべうただったんや～」と
安心しました。

♪ れんげつもう　はなつもう
　　ことしのれんげは
　　　ようさいた

右手で花を摘み、左手でかかえているつもりのかごに入れる動作をくりかえす

みみにまいて

人さし指を立てて耳の横でぐるぐる回す

スッポンポン

両手のひらを上下にすり合わせるように3回たたく

3回

もひとつまいて　スッポンポン

同じ動作くりかえし

れんげ摘も

れんげつもう　はなつもう　ことしのれんげは　ようさいた

みみにまあいて　スッポンポン　もひとつまあいて　スッポンポン

♪れんげ摘も 花摘も
　今年のれんげは よう咲いた♪
のところは 大人が子どものからだの
あちこちを 軽くつまんでも楽しい～

京都 洛陽保育園

きびすがんがん

京都・美山町（南丹市）のわらべうたです。
地元のわらべうたなので、大事にしてきました。
とても不思議な歌詞ですが、子どもたちはおまじないうたのように
おぼえて楽しんでいました。
テンポも軽やかでなわとびにぴったりなので、歌いながらその場なわとびをしています。
お座敷三味線の「きんらい節」という唄にそっくりな歌詞があり、
びっくりしました。

♪ きーびすがんがん　いがいがどんす

右手どうし　　　左手どうし

Ⓐ 2回くり直し

きんもくれっすの
すくねっぽう

1回　　3回

Ⓑ 2回くり返し

すっちょんまんまん　かんもんかの　　←── Ⓐの動作

おっぺらぼうの　きーんらい

↑
Ⓑの動作

らい

セッセッセ あそびができます

1つめ

にゃ〜

まねきねこのポーズをする

きびす がんがん

きびす がんがん いがいが どんす きんもくれっすの すくねっぽう

すっちょんまんまん かんもんかの ぶっぺらぼうの きんらい らい

2つめ
なわとびの練習歌としてうたえます

＊印で ジャンプ!!

♪きーびす がんがん いがいが どんす

♪きんもくれっすの すくねっぽうー

69

東京　陽光保育園

あんこがでるぞ

寒い日に体を温めたり、
朝一番に子どもたちとふれあうときに楽しんでいます。
初めは数人でスタートしますが、投げられたり、押しあったりして
笑い声がひびくと、ほかの子も次々に参加してきて
子ども対保育士で盛りあがっています。
「あんこがでるぞ」を繰りかえしながら、
全員を投げとばしたりもしています。

♪　おしくらまんじゅう　おさされてなくな

　　　　　おしくらまんじゅう　おさされてなくな

　　おさされてなくと

子どもをあんこにみたてて
ぎゅっぎゅっぎゅっ

あんこがでるぞ

おしくらまんじゅう

♪ おしくらまんじゅう おされて なくな
おしくらまんじゅう おされて なくな
おされて なくと
あんこが でるぞ〜

あんこがでるぞ

おすもうごっこになって 子どもを ひとりひとり 投げとばします！

あんこが でたぁ〜！

大阪 ポッポ第2保育園

ぎゅうぎゅう大作戦

保育士と子どもたちが対決するあそびです。4歳児で楽しんでいます。
はじめのころは簡単に引っぱられて負けていた子どもたち。何回もあそぶうちに、
片方の手が離れても、もう片方の手をつないでいる友だちが守ってくれる、
友だちのことは自分が守るという気持ちが育ってきました。そんなときは、
保育士は力を加減して、抜かないようにしたりもします。そして、子どもたちの助けあい、
支えあいは、必ずみんなに伝えます。うれしい、くやしいを、
クラス全体で共有できるあそびだと思います。

ぎゅうぎゅう 大作戦 だいーさくせーん！

ぎゅうっと手をつないで 離れないようにがんばって…

もしも Ⓑちゃんが抜かれたら Ⓐちゃんと Ⓒちゃんがすぐに手をつないで また輪になります。

「みんなでやるぞ～っ*」
「あーっ抜かれたぁ」
「もう抜かれないぞっ!」
「ジーっ…」

時間内に…
全員の手が離れたら / 手をつないでいる子がいたら

「やったぁ…」「あ～ん」「いえーっ!!」
保育士の勝ちー!

「おめでとうー!」「やったねっ!!」
子どもたちの勝ちー!

負けるとくやし涙を流す子も そしてその子に寄り添う子も

「石みたいにかたくつなぐぞっ!」「うんっ!!」
「腕を組んだらかたいぞ」「ほんまや!」

もしもしかめよ かめさんよ

島根　あおぞら保育園子育て支援センター

「うさぎとかめ」をうたいながら肩をたたきます。肩をたたく回数がどんどん減っていくのが楽しい遊びです。慣れてくると「もっと早く！！」とスピードをあげて挑戦する子どもたち。最後の「両手をパン！」がそろった瞬間、「ヤッター！」と大喜び。できたという満足そうな顔、ホッとした顔、いろんな表情が見られます。ちいさい子は、肩をたたく回数は関係なく、終わりの「パン！」だけそろって「ヤッター！」の子も。それもまたかわいらしい姿です。
1人でできるようになったら、2人で向かいあって、そして4〜5人で列になって、と増やしていくと、また楽しいですよ。

♪ もしもしかめよ　かめさんよ
　 せかいのうちで　おまえほど

左肩を8回たたく　右肩を8回たたく

あゆみののろい
ものはない

左肩を4回たたく　右肩を4回たたく

どうして　そんなに　のろ　いの　か

左肩を2回　右肩を2回　　左肩を1回　右肩を1回　　両手をたたく（パン）

うさぎ と かめ

作詞：石原和三郎
作曲：納所弁次郎

もしもし かめよ かめさん よ
せかいの うちで ー おまえほ ど
あゆみの のろい ものはな い
どうして そんなに のろいのか

2人バージョン

♪もしもし～のろいの
向かい合って肩をたたく

♪か　パン
おたがいの手を打ち合わせる

複数バージョン

♪もしもし～のろいの
一列に並び 前の人の肩をたたく

♪か　パン
両手をたたく

島根
あおぞら保育園子育て支援センター

むすんでひらいて

子育て教室のとき、からだ全体を使って親子全員で楽しみました。中央に集まったり広がったりの繰りかえしが楽しく、なかでも「むすんで」で中央に集まるところがみんな大好きです。広がって、またジュワジュワ〜っと中へ。
このジュワジュワ〜の期待感がたまらないようです。みんなの笑顔が集まってきて、はじけるさまがほほえましく、見ていても楽しくなります。
最後のところは「ひこうき」のほかにも「カエル」「うさぎ」など、子どものリクエストに合わせていろいろなものに変身しながら
あそんでみてください。

親子で手をつなぎ 輪を作る

仲良く手をつないだら スタートっ!!

♪ むすんで

手をつないだまま中央に集まる

ひらいて

もとの大きな輪に広がる

むすんでひらいて

むすーんで ひらいーて てをーうって むーすんで
またひらいて てをうって そのーてを よこに
ひこうき ブンブン ひこうき ブンブン ひこうき ブンブン とんでます

てをうって

手をたたく

むすんで

手をつなぎ中央に集まる

またひらいて

もとの大きな輪に広がる

てをうって

手をたたく

むすんでひらいて

♪ そのてをよこに

手を横に広げ ひこうきに変身!

♪ そのキを上に〜
♪ うさぎがピョンピョン〜
うさぎになって両足でとびまわる

♪ そのキを下に〜
♪ カエルがピョンピョン〜
カエルになって4本足ではねまわる

ひこうきブンブン　ひこうきブンブン

ひこうきブンブン

とんでますー

ひこうきになって動きまわる

さくいん

あ
- あっぺろろーん (ゼロ・1歳) — 08
- あんこがでるぞ (4・5歳) — 70
- いないよーバァ (ゼロ・1歳) — 16
- いもむしごろごろ (ゼロ・1歳) — 10
- おじいさんおばあさん (4・5歳) — 60
- おすわりやすいすどっせ (2・3歳) — 30
- おでこさんをまいて (ゼロ・1歳) — 06
- おとうさんの背中はおっきいな！ (2・3歳) — 38
- おばけがでた (2・3歳) — 48

か
- かごかご (2・3歳) — 34
- がんばりマン (2・3歳) — 56
- きびすがんがん (4・5歳) — 68
- ぎゅうぎゅう大作戦 (4・5歳) — 72
- 清水のかんのんさま (ゼロ・1歳) — 28

さ
- サコツこりこり (2・3歳) — 50
- 3びきのこぶた (2・3歳) — 42
- ずくぼんじょ (2・3歳) — 36
- ぞうきん (2・3歳) — 32

た
- だるまさんの…… (ゼロ・1歳) — 18
- どのたけのこがせいたかか (ゼロ・1歳) — 24

は
- バスごっこ (2・3歳) — 40
- ピカゴロゴロゴロドーン!! (ゼロ・1歳) — 22
- ひげじいさん「どこにしようかなぁ〜」(2・3歳) — 44
- びっきどのびっきどの (4・5歳) — 64
- ペンギンマークの百貨店 (2・3歳) — 52
- ぼうしをとってちょうだいな (ゼロ・1歳) — 20

ま
- みそラーメン (2・3歳) — 54
- むすんでひらいて (4・5歳) — 76
- もしもしかめよかめさんよ (4・5歳) — 74
- もじゃもじゃトロル (2・3歳) — 46
- ももやももや (ゼロ・1歳) — 14

や
- ゆっさゆっさ (4・5歳) — 62
- よいやさのよいやさ (ゼロ・1歳) — 12

ら
- れんげ摘も (4・5歳) — 66
- ろうそくぽん (ゼロ・1歳) — 26

さわって
わらって
いっしょにあそぼ！
園で人気の
ふれあいあそび

2012年8月20日／初版第1刷発行

編集
●
『ちいさいなかま』編集部

絵
●
柏木牧子

ブックデザイン
●
阿部美智(オフィスあみ)

発行
●
ちいさいなかま社
〒162-0837
東京都新宿区納戸町26-3
TEL 03-6265-3172(代)
FAX 03-6265-3230
URL http://www.hoiku-zenhoren.org/

発売
●
ひとなる書房
〒113-0033
文京区本郷2-17-13広和レジデンス101
TEL 03-3811-1372
FAX 03-3811-1383
Email:hitonaru@alles.or.jp

印刷
●
光陽メディア

JASRAC　出1208790-201

ISBN978-4-89464-175-4　C3037